Impressum
Verlag: BABADADA GmbH, Nedderfeld 112 , 22529 Hamburg
Geschäftsführer / Verlagsleitung: Harald Hof
Druck: Books on Demand GmbH, In de Tarpen 42, 22848 Norderstedt

Imprint
Publisher: BABADADA GmbH, Nedderfeld 112 , 22529 Hamburg, Germany
Managing Director / Publishing direction: Harald Hof
Print: Books on Demand GmbH, In de Tarpen 42, 22848 Norderstedt

AF175196

المدرسة

school

القسم
klaslokaal
يقسم
delen
186/2
اللوح
bord
speelplaats
المعلم
leerkracht
ورقة
papier
يكتب
schrijven
القلم
pen
طاولة المكتب
bureau
المسطرة
liniaal
الكتاب
boek
التلميذ
leerling

الحقيبة المدرسية
schooltas

المقلمة
pennenzak

قلم الرصاص
potlood

البرّاية
puntenslijper

الممحاة
gom

دفتر الرسم
tekenblok

الرسمة

tekening

الفرشاة

verfborstel

علبة التلوين

verfdoos

المقص

schaar

المادة اللاصقة

lijm

دفتر التمارين

werkboek

الواجب المدرسي

huiswerk

الرقم

nummer

2+2

يجمع

optellen

يطرح

aftrekken

يضرب

vermenigvuldigen

يحسب

rekenen

الحرف

letter

الأبجدية

alfabet

كلمة

woord

النص

....

tekst

يقرأ

....

Lezen

الطبشور

....

krijt

الحصة

....

les

دفتر الدوام المدرسي

....

klassenboek

الامتحان

....

examen

شهادة

....

certificaat

اللباس المدرسي

....

schooluniform

التعليم

....

onderwijs

الموسوعة

....

encyclopedie

الجامعة

....

universiteit

المِجهر

....

microscoop

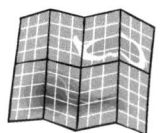

الخريطة

....

kaart

قماما

....

papiermand

فندق
hotel
بيت الشباب
jeugdherberg
مكتب صرافة
wisselkantoor
حقيبة
koffer
سيارة
auto

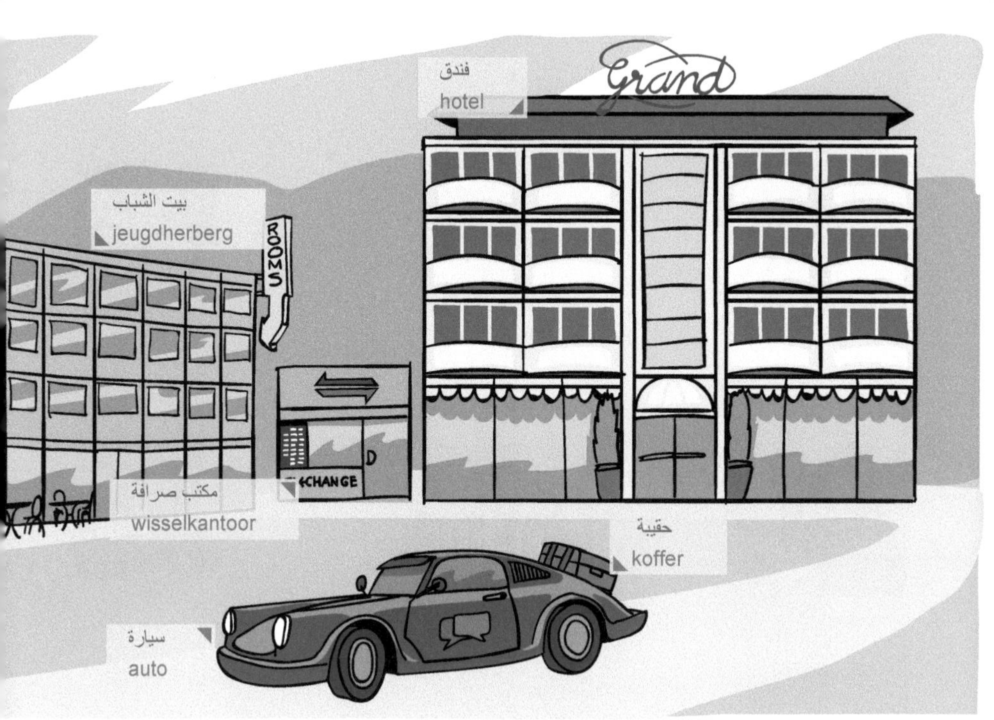

اللغة

Taal

نعم / لا

ja / nee

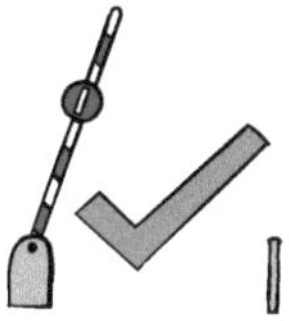

حسناً

oké

مرحباً

hallo

مترجم

vertaler

شكراً

bedankt

كم ثمن ... ؟

Hoeveel kost …?

لا أفهم

Ik begrijp het niet

مشكلة

probleem

مساء الخير

Goedenavond!

صباح الخير!

Goedemorgen!

ليلة سعيدة

Goedenavond!

إلى اللقاء

Tot ziens

اتجاه

richting

أمتعة السفر

bagage

حقيبة

zak

حقيبة ظهر

rugzak

ضيف

gast

غرفة

kamer

كيس للنوم

slaapzak

خيمة

tent

استعلامات سياحية

toeristeninformatie

شاطئ

strand

بطاقة ائتمان

kredietkaart

إفطار

ontbijt

طعام الغداء

lunch

العشاء

avondeten

بطاقة سفر

ticket

مصعد

lift

طابع بريدي

postzegel

حدود

grens

الجمارك

douane

سفارة

ambassade

تأشيرة

visum

جواز سفر

paspoort

نقل
transport

طائرة
vliegtuig
سفينة
schip
سيارة إطفاء
brandweerwagen
حافلة
bus
سيارة شاحنة
vrachtwagen
زورق آلي
motorboot
درّاجة
fiets
سيارة
auto

عبارة

....

veerboot

قارب

....

boot

دراجة نارية

....

motor

سيارة شرطة

....

politiewagen

سيارة سباق

....

racewagen

سيارة مستأجرة

....

huurauto

أسلوب تشاركي في استئجار الس

carpoolen

سيارة للجر

sleepwagen

سيارة نقل القمامة

vuilniswagen

محرك

motor

وقود

benzine

محطة وقود

benzinestation

إشارة مرور

verkeersbord

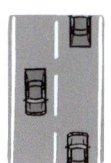

حركة السير

verkeer

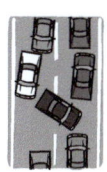

ازدحام سير

file

موقف سيارات

parkeerplaats

محطة قطار

station

سكك حديدية

sporen

قطار

trein

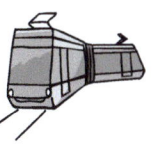

ترام

tram

عربة قطار

wagon

طائرة مروحية

helikopter

مطار

luchthaven

برج

toren

مسافر

passagier

حاوية

container

علبة كرتون

karton

عربة يد

kar

سلّة

mand

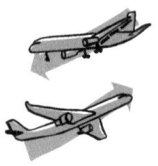

يقلع / يهبط

opstijgen / landen

مدينة

stad

قرية

dorp

مركز المدينة

stadscentrum

بيت

huis

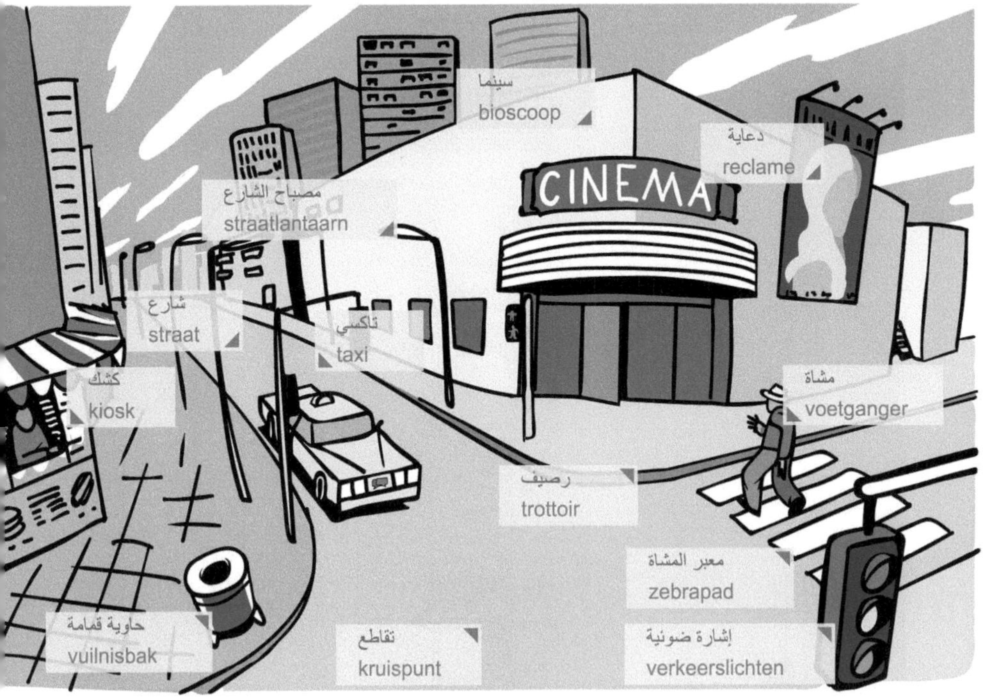

سينما
bioscoop

دعاية
reclame

مصباح الشارع
straatlantaarn

CINEMA

شارع
straat

تاكسي
taxi

كشك
kiosk

مشاة
voetganger

رصيف
trottoir

معبر المشاة
zebrapad

حاوية قمامة
vuilnisbak

تقاطع
kruispunt

إشارة ضوئية
verkeerslichten

كوخ
hut

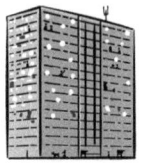

شقة
woning

محطة قطار
station

دار البلدية
stadshuis

متحف
museum

المدرسة
school

الجامعة

universiteit

مصرف

bank

المستشفى

ziekenhuis

فندق

hotel

صيدلية

apotheek

مكتب

kantoor

مكتبة

boekwinkel

متجر

winkel

محل لبيع الزهور

bloemenwinkel

سوبرماركت

supermarkt

سوق

markt

متجر كبير

warenhuis

تاجر السمك

vishandelaar

مركز تسوّق

winkelcentrum

ميناء

haven

حديقة عامة

park

مقعد

bank

جسر

brug

درج، سلم

trap

مترو

metro

نفق

tunnel

موقف حافلات

bushalte

بار

bar

مطعم

restaurant

صندوق البريد

brievenbus

لافتة باسم الشارع

straatnaambord

مقياس زمن الوقوف

parkeermeter

حديقة حيوانات

zoo

مسبح

zwembad

مسجد

moskee

مزرعة

boerderij

تلوث البيئة

milieuverontreiniging

مقبرة

kerkhof

كنيسة

kerk

ملعب الأطفال

speelplaats

معبد

tempel

طبيعة ريفية

landschap

ورقة
blad

علامة إرشاد
wegwijzer

طريق
weg

مرج
weide

حجر
steen

شجرة
boom

رحالة
wandelaar

نهر
rivier

عشب
gras

زهرة
bloem

وادٍ	جبل	بحيرة
vallei	heuvel	meer
	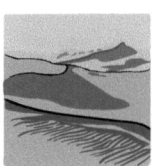	
غابة	صحراء	بركان
bos	woestijn	vulkaan

قلعة	قوس قزح	فطر
kasteel	regenboog	paddenstoel

نخلة	بعوض	ذبّانة
palmboom	mug	vlieg

نملة	نحلة	عنكبوت
mier	bijl	spin

خنفساء

kever

ضفدعة

kikker

سنجاب

eekhoorn

قنفذ

egel

أرنب

haas

بومة

uil

عصفور

vogel

بجعة

zwaan

خنزير برّي

wild zwijn

غزال

hert

إلكة

eland

سد

dam

دولاب الطاحونة الهوائية

windturbine

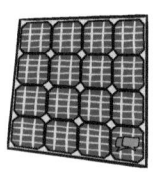

خلية شمسية

zonnepaneel

مناخ

klimaat

مطعم

restaurant

نادل
ober

لائحة الطعام
menu

كرسي
stoel

حساء
soep

بيتزا
pizza

غطاء المائدة
tafelkleed

أدوات المائدة
bestek

مقبلات
voorgerecht

الصحن الرئيسي
hoofdgerecht

حلوى أو فاكهة بعد الطعام
nagerecht

مشروبات
drankjes

طعام
eten

زجاجة
fles

وجبات سريعة

fastfood

طعام الشارع

street food

إبريق الشاي

theepot

علبة السكر

suikerpot

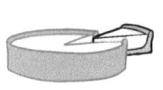

حصّة

portie

آلة الإسبريسو

espressomachine

كرسي عالٍ

kinderstoel

فاتورة

rekening

صينية

dienblad

سكين

mes

شوكة

vork

ملعقة

lepel

ملعقة الشاي

theelepel

منديل المائدة

serviette

كأس

glas

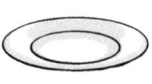

صحن

bord

صحن الحساء

soepbord

صحن الفنجان

schoteltje

صلصة

saus

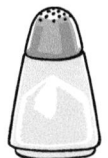

مملحة

zoutvatje

مطحنة الفلفل

pepermolen

خلّ

azijn

زيت الطعام

olie

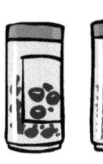

توابل

kruiden

كتشاب

ketchup

خردل

mosterd

مايونيز

mayonaise

سوبرماركت

supermarkt

عرض خاص
aanbieding
زبون
klant
مشتقات الحليب
zuivelproducten
فواكه
fruit
عربة تسوق
winkelwagen

جزّار

slagerij

مخبز

bakkerij

يزن

wegen

خضار

groenten

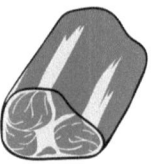

لحم

vlees

المأكولات المجمّدة

diepvriesvoedsel

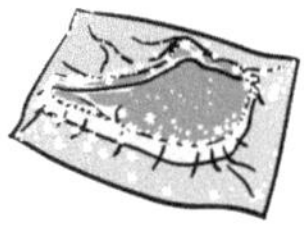

مرتدلا أو جبن

charcuterie

معلّبات

conserven

مسحوق الغسيل

waspoeder

حلويات

snoep

المواد المنزلية

huishoudproducten

منظفات

schoonmaakproducten

بائعة

verkoopster

صندوق الحساب

kassa

أمين صندوق

kassier

قائمة المشتريات

boodschappenlijstje

أوقات العمل

openingstijden

محفظة النقود

portefeuille

بطاقة ائتمان

kredietkaart

حقيبة

tas

كيس بلاستيكي

plastieken zakje

مشروبات
drankjes

ماء

water

عصير

sap

حليب

melk

كولا

cola

نبيذ

wijn

بيرة

bier

كحول

alcohol

كاكاو

cacao

شاي

thee

قهوة

koffie

قهوة إسبريسو

espresso

كابوتشينو

cappuccino

موزة
banana

تفاح
appel

برتقال
sinaasappel

بطيخ
meloen

ليمون
citroen

جزرة
wortel

ثوم
knoflook

خيزران
bamboe

بصل
ajuin

فِطر
champignon

لوزيات
noten

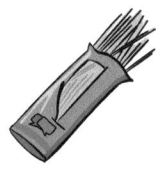

شعيرية
noodles

سباغيتي

spaghetti

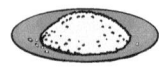

أرزّ

rijst

سلطة

salade

بطاطا مقلية

frieten

بطاطا مقلية

gebakken aardappelen

بيتزا

pizza

هامبورغر

hamburger

ساندويش

sandwich

شريحة لحم مقلية

kalfslapje

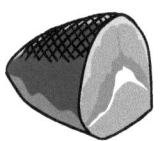

لحم خنزير

ham

سلامي

salami

سجق

worst

دجاج

kip

لحم محمر

braden

سمك

vis

دقيق الشوفان

havervlokken

موسلي

muesli

كورن فلكس

cornflakes

طحين

bloem

كرواسان

croissant

خبز صغير

pistolet

خبز

brood

خبز محمص

toast

بسكويت

koekjes

زبدة

boter

لبن زبادي

kwark

كعكة

taart

بيضة

ei

بيض مقلي

spiegelei

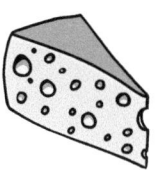

جبنة

kaas

مثلجات

ijs

سكر

suiker

عسل

honing

مربّى الفاكهة

confituur

كريم النوغا

choco

الكاري

curry

مزرعة
boerderij

مخزن غلال
schuur
رزمة من التبن
strobaal
حقل
veld
حصان
paard
مقطورة
aanhangwagen
جرار
tractor
مهر
veulen
حمار
ezel
خروف
schaap
خروف
lam

ماعز
geit

بقرة
koe

عجل
kalf

خنزير
varken

خنزير صغير
biggetje

ثور
stier

إوزة

....

gans

بطة

....

eend

صوص

....

kuiken

دجاجة

....

kip

ديك

....

haan

جرذ

....

rat

قطة

....

kat

فأر

....

muis

ثور

....

os

كلب

....

hond

كوخ الكلب

....

hondenhok

خرطوم الحديقة

....

tuinslang

إبريق

....

gieter

منجل

....

zeis

المحراث

....

ploeg

منجل	معزقة	مذراة الزبل
sikkel	schoffel	hooivork

بلطة	عربة يد	معلف
bijl	kruiwagen	trog

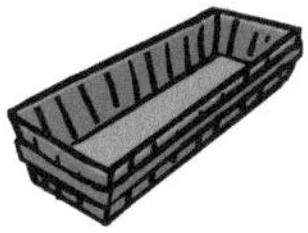

صفيحة الحليب	كيس	سياج
melkkan	zak	hek

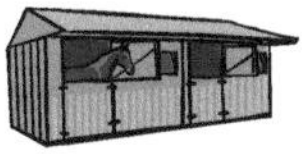

اصطبل	دفيئة	تربة
stal	broeikas	bodem

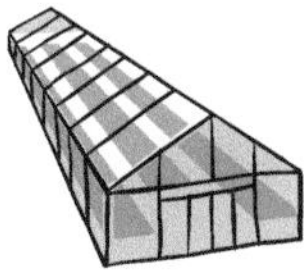

بذور	سماد	حصّادة درّاسة
zaad	mest	maaidorser

يحصد

oogsten

محصول

oogst

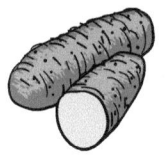

بطاطا يامس

yam

قمح

tarwe

صويا

soja

بطاطا

aardappel

ذرة

maïs

سلجم

koolzaad

شجرة فاكهة

fruitboom

نبات منيهوت

maniok

الحبوب

graan

بيت
huis

مدخنة
schoorsteen
سقف
dak
مزراب
regenpijp
نافذة
raam
مرآب
garage
جرس الباب
deurbel
باب
deur
vuilnisbak
صندوق البريد
brievenbus
حديقة
tuin

غرفة جلوس

woonkamer

الحمّام

badkamer

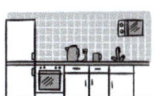

مطبخ

keuken

غرفة النوم

slaapkamer

غرفة الأطفال

kinderkamer

غرفة الطعام

eetkamer

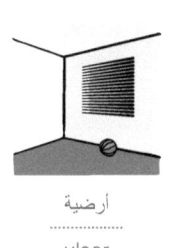

أرضية

vloer

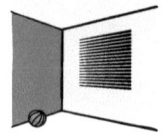

حائط

muur

سقف

plafond

قبو

kelder

ساونا

sauna

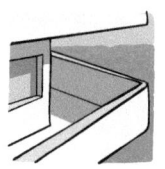

بلكون

balkon

شرفة

terras

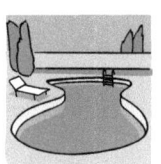

مسبح

zwembad

جزّازة العشب

grasmaaier

بياضات السرير

dekbedovertrek

بطانية

dekbed

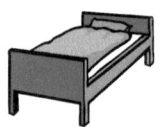

سرير

bed

مكنسة

bezem

سطل

emmer

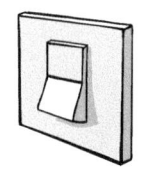

مفتاح كهربائي

schakelaar

غرفة جلوس
woonkamer

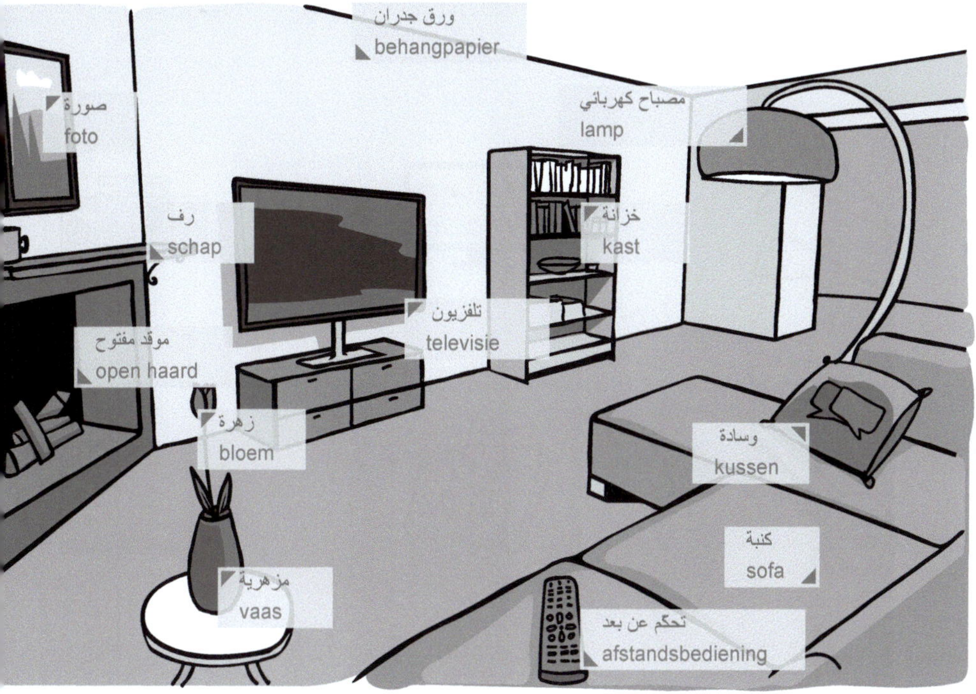

ورق جدران
behangpapier
صورة
foto
مصباح كهربائي
lamp
رف
schap
خزانة
kast
تلفزيون
televisie
موقد مفتوح
open haard
زهرة
bloem
وسادة
kussen
كنبة
sofa
مزهرية
vaas
تحكم عن بعد
afstandsbediening

بصاط
mat

ستارة
gordijn

طاولة
tafel

كرسي
stoel

كرسي هزّاز
schommelstoel

كرسي ذو ذراعين
fauteuil

الكتاب

boek

بطانية

deken

زخرفة

decoratie

الحطب

brandhout

فيلم

film

تجهيزات ستيريو

stereo-installatie

مفتاح

sleutel

جريدة

krant

لوحة مرسومة

schilderij

مُلصق

poster

راديو

radio

دفتر ملاحظات

notitieboekje

المكنسة الكهربائية

stofzuiger

صبّار

cactus

شمعة

kaars

مطبخ
keuken

برّاد
koelkast
ميكروويف
microgolfoven
ميزان المطبخ
keukenweegschaal
محمصة الخبز
broodrooster
منظفات
afwasmiddel
ثلاج
riesvak
فرن
oven
قماما
vuilnisbak
جلاية
vaatwasmachine

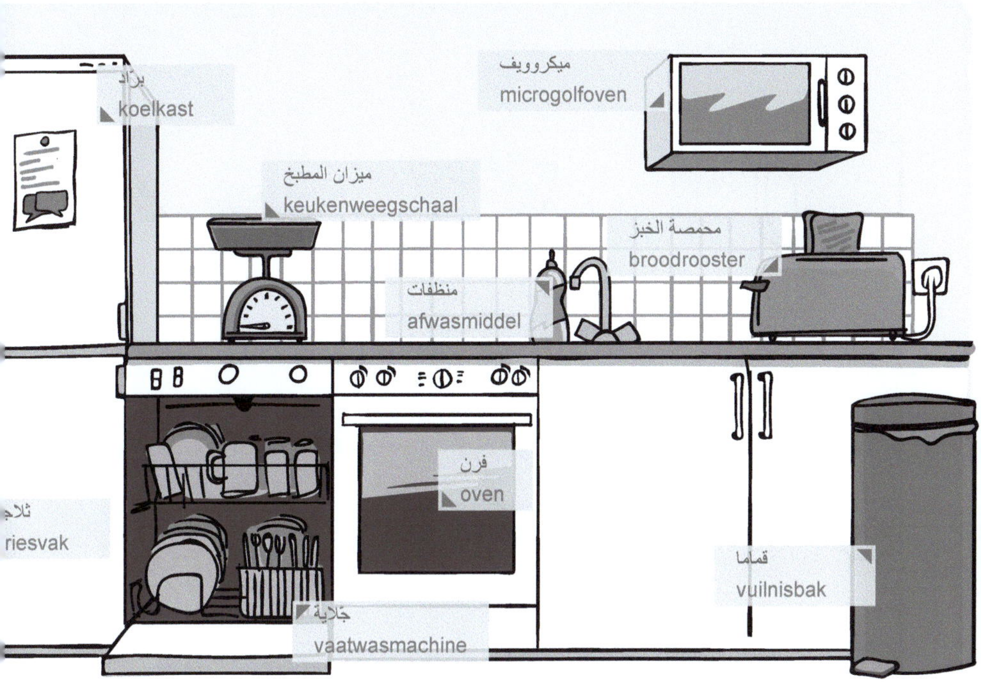

موقد

fornuis

قِدر

pot

وعاء من الحديد

gietijzeren pot

قدر صيني

wok / kadai

مقلاة

pan

غلاية

waterkoker

مطبخ - keuken 35

قدر البخار

stoomkoker

صينية

bakplaat

أواني

servies

فنجان

mok

صحن

kom

عيدان الأكل

eetstokjes

مغرفة

pollepel

ملعقة منبسطة

spatel

خفّاقة

garde

مصفاة

vergiet

مصفاة

zeef

مِبشرة

rasp

هاون

mortier

شواء

barbecue

موقد

haardvuur

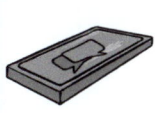

لوح التقطيع

snijplank

نشّابة

deegrol

مفتاح الزجاجات

kurkentrekker

علبة

blik

مفتاح العلب المعدنية

blikopener

قماش الفرن

pannenlap

مجلى

gootsteen

فرشاة

borstel

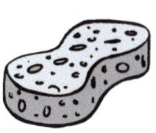

إسفنج

spons

خلاط

blender

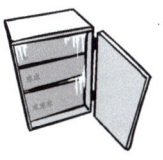

مجمّدة

vriezer

زجاجة الطفل

papfles

صنبور الماء

kraan

badkamer

دوش
douche

تدفئة
verwarming

منشفة
handdoek

ستارة الدوش
douchegordijn

حمام رغوة
bubbelbad

حوض الحمام
badkuip

كأس
glas

غسّالة
wasmachine

صنبور الماء
kraan

بلاط
tegels

قفازات مطاطية
kinderpo

مجلى
gootsteen

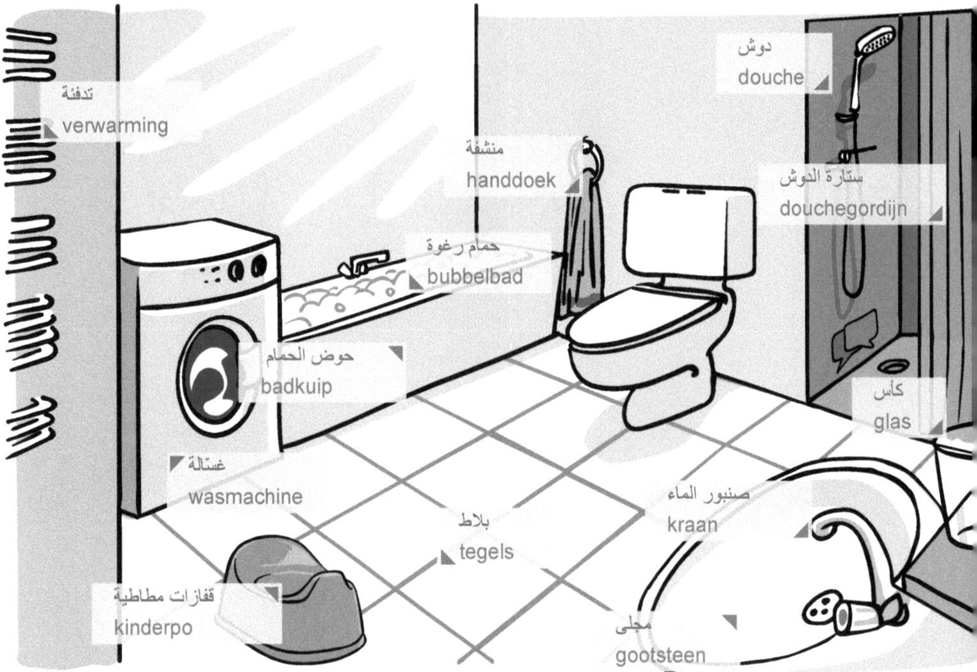

حمام
toilet

مرحاض القرفصاء
hurktoilet

حوض التشطيف
bidet

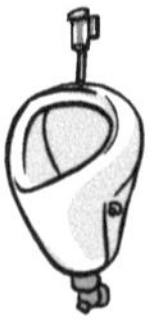

مبولة
urinoir

ورق المرحاض
toiletpapier

فرشاة الحمام
toiletborstel

فرشاة الأسنان

tandenborstel

معجون الأسنان

tandpasta

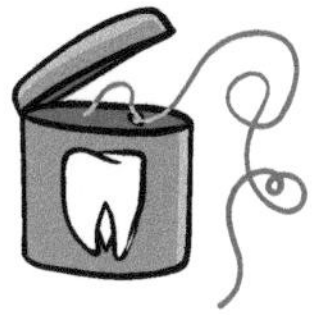

خيط حرير لتنظيف الأسنان

flosdraad

يغسل

wassen

رشاش ماء يدوي

handdouche

شطاف

bidethanddouche

حوض الغسيل

waskom

فرشاة الظهر

rugborstel

صابون

zeep

جيل الدوش

douchegel

شامبو

shampoo

ممسحة

washandje

مصرف للماء

afvoer

مرهم

crème

مزيل الروائح

deodorant

مرآة

spiegel

مرآة يد

handspiegel

موس حلاقة

scheermes

رغوة الحلاقة

scheerschuim

كولونيا

aftershave

مشط

kam

فرشاة

borstel

سشوار

haardroger

مثبت للشعر

haarlak

ماكياج

make-up

روج

lippenstift

طلاء أظافر

nagellak

قطن

watten

مقص أظافر

nagelknipper

عطر

parfum

سلّة الغسيل

....

toilettas

مقعد صغير

....

kruk

ميزان

....

weegschaal

معطف الحمام

....

badjas

قفازات مطاطية

....

latex handschoenen

سدادة قطنية

....

tampon

منشفة صحية

....

maandverband

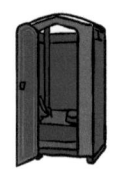

تواليت كيميائية

....

chemisch toilet

غرفة الأطفال

kinderkamer

منبّه
wekker
الحيوانات المحنطة
knuffel
سيارة لعبة
speelgoedauto
خشخشة
rammelaar
بيت الدمى
poppenhuis
هدية
geschenk

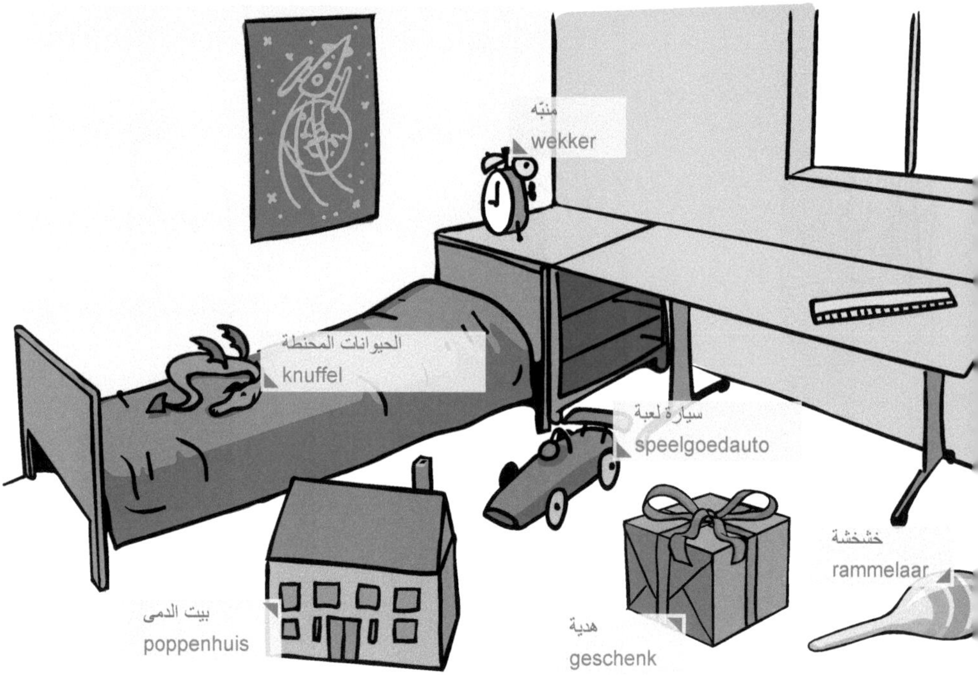

بالون

ballon

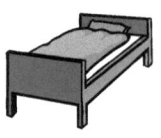

سرير

bed

عربة الأطفال

kinderwagen

لعبة الورق

spel kaarten

أحجية

puzzel

رسوم هزلية

stripboek

أحجار الليغو

legoblokjes

حجارة تركيب

blokken

دمية بطل

actiefiguur

لباس الطفل

kruippakje

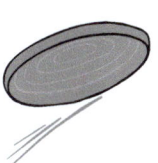

فريسبي

frisbee

دمية معلّقة

mobiel

لعبة الطاولة

bordspel

لعبة النرد

dobbelsteen

لعبة قطار

modelspoorweg

مصّاصة

fopspeen

حفلة

feest

كتاب مصوّر

prentenboek

كرة

bal

دمية

pop

يلعب

spelen

ملعب رملي للأطفال

zandbak

أرجوحة

schommel

لعبة

speelgoed

ألعاب فيديو

spelconsole

دراجة ثلاثية

driewieler

دمية على شكل الدب

knuffelbeer

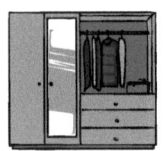

خزانة الثياب

kleerkast

ثياب

kleding

جوارب قصيرة

sokken

جوارب طويلة

kousen

جورب بنطلون

maillot

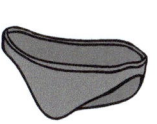

شال
sjaal

شمسية
paraplu

تي شيرت
T-shirt

حزام
riem

حذاء شتوي
laarzen

شبشب
slippers

أحذية رياضية
sneakers

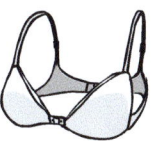

صندل
sandalen

حذاء
schoenen

جزمة كاوتشوك
rubberlaarzen

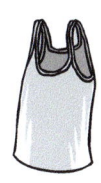

سروال داخلي
onderbroek

صدّارة
beha

قميص داخلي
onderhemd

لباس ملاصق للجسم

lichaam

بنطلون

broek

جينز

jeans

تنورة

rok

بلوزة

blouse

قميص

hemd

سترة قطنية

trui

كنزة كم طويل

capuchontrui

سترة فضفاضة

blazer

سترة

jas

معطف

jas

معطف مطري

regenjas

زي - طقم نسائي

kostuum

ثوب

jurk

ثوب الزفاف

trouwjurk

طقم

pak

قميص نوم

nachthemd

بيجاما

pyjama

ساري

sari

حجاب

hoofddoek

عمامة

tulband

برقع

boerka

قفطان

kaftan

عباءة

abaya

مايوه

badpak

سروال سباحة

zwembroek

شرت

short

بدلة رياضية

trainingspak

مئزر

schort

قفازات

handschoenen

زر

knoop

نظّارة

bril

إسوارة

armband

عقد

ketting

خاتم

ring

قرط

oorbel

طاقيّة

pet

علاقة ثياب

kapstok

قبّعة

hoed

ربطة العنق

das

سحّاب

rits

خوذة

helm

حمّالة البنطلون

bretellen

اللباس المدرسي

schooluniform

زي موحّد

uniform

مريلة الأطفال
....
slabbetje

مصّاصة
....
fopspeen

لفافة
....
luier

مكتب

kantoor

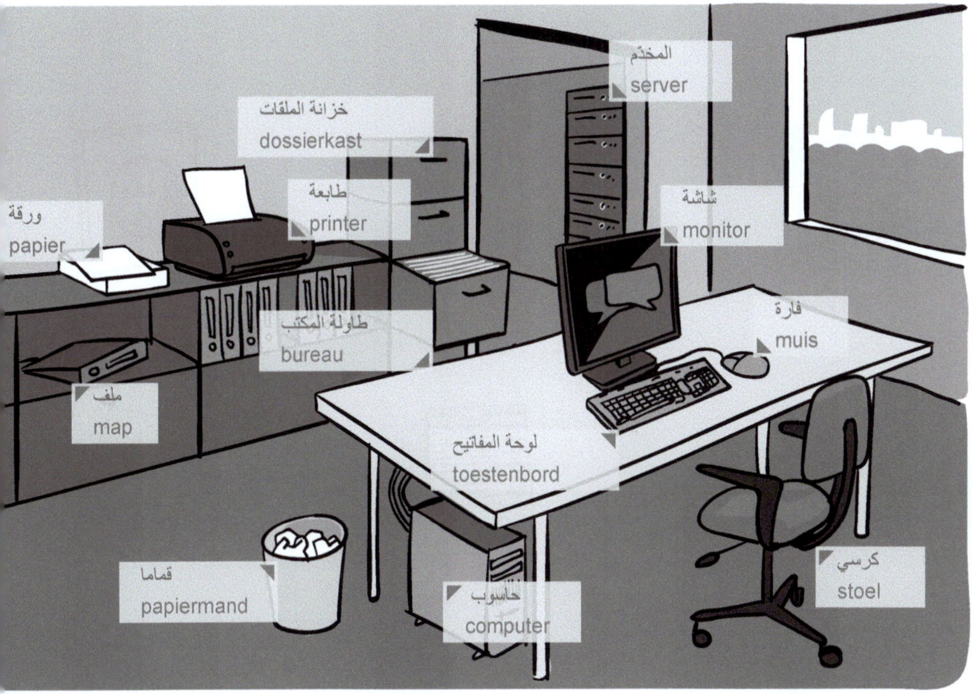

المخدّم
server
خزانة الملفات
dossierkast
طابعة
printer
ورقة
papier
شاشة
monitor
طاولة المكتب
bureau
فارة
muis
ملف
map
لوحة المفاتيح
toestenbord
قماما
papiermand
حاسوب
computer
كرسي
stoel

كأس من القهوة
....
koffiemok

الآلة الحاسبة
....
rekenmachine

الإنترنت
....
internet

الحاسوب المحمول

laptop

رسالة

brief

خبر

bericht

الهاتف المحمول

gsm

شبكة

netwerk

جهاز تصوير

kopieerapparaat

البرمجيات

software

هاتف

telefoon

مقبس كهربائي

stopcontact

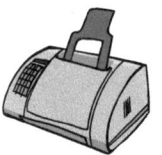

فاكس

fax

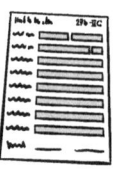

استمارة

formulier

وثيقة

document

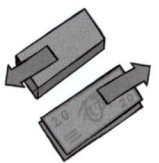

يشتري

kopen

يدفع

betalen

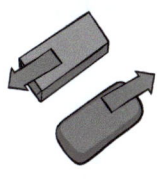

يتاجر

handelen

مال

geld

دولار

dollar

يورو

euro

ين

yen

روبل

roebel

فرنك سويسري

Zwitserse frank

يوان

Chinese renminbi

روبية

roepie

صرّاف آلي

geldautomaat

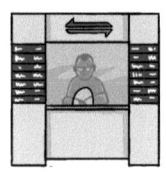

مكتب صرافة

wisselkantoor

ذهب

goud

فضة

zilver

نفط

olie

طاقة

energie

سعر

prijs

عقد

contract

ضريبة

belasting

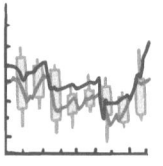

سهم

aandeel

يعمل

werken

موظف

werknemer

رب العمل

werkgever

مصنع

fabriek

متجر

winkel

beroepen

الشرطي
politieagent
رجل إطفاء
brandweerman
طبّاخ
kok
الطبيب
dokter
طيّار
piloot

بستاني
tuinman

نجّار
timmerman

خيّاطة
naaister

قاض
rechter

كيميائي
chemicus

ممثل
acteur

سائق حافلة

buschauffeur

سائق تاكسي

taxichauffeur

صياد سمك

visser

أجيرة للتنظيف

schoonmaakster

بنّاء سقف

dakdekker

نادل

ober

صيّاد

jager

رسّام

schilder

خباز

bakker

كهربائي

elektricien

عامل بناء

bouwvakker

مهندس

ingenieur

لحّام

slager

سمكري

loodgieter

ساعي البريد

postbode

جندي

soldaat

مهندس معماري

architect

أمين صندوق

kassier

بائع الزهور

bloemist

حلاق

kapper

مراقب القطار

conducteur

ميكانيكي

mecanicien

قبطان

kapitein

طبيب أسنان

tandarts

رجل العلم

wetenschapper

حاخام

rabbijn

إمام

imam

راهب

monnik

كاهن

geestelijke

عدة عمل

werktuigen

مطرقة
hamer
كمّاشة
tang
مفك البراغي
schroevendraaier
مفتاح ربط
schroefsleutel
مصباح يد
zaklamp

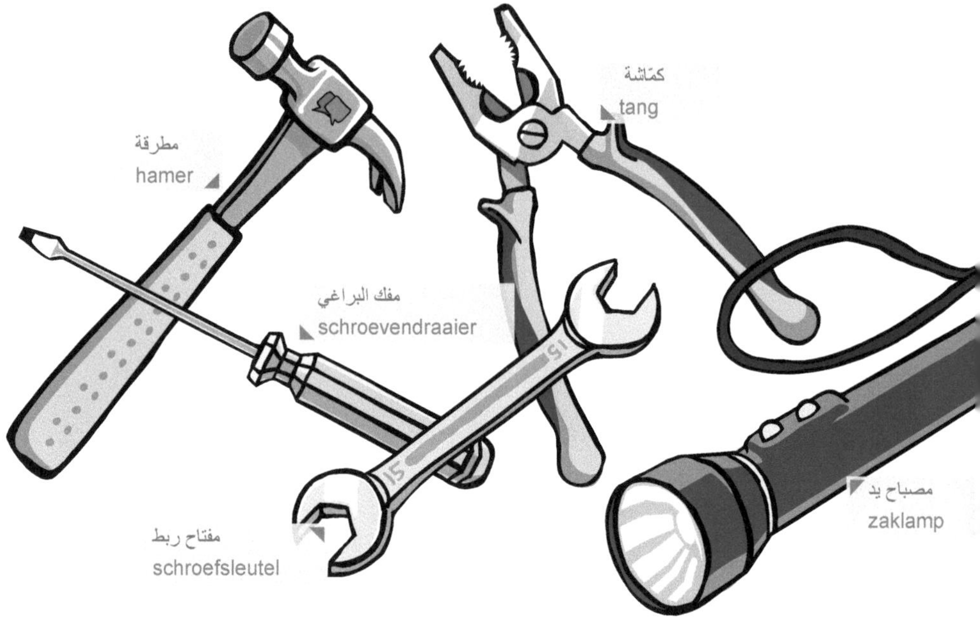

جرافة

graafmachine

صندوق العدة

gereedschapskoffer

سلّم

ladder

منشار

zaag

مسامير

spijkers

مثقب

boormachine

يصلح

repareren

مجرفة

schop

اللعنة

Verdomme!

لقاطة الكناسة

blik

سطل الألوان

verfpot

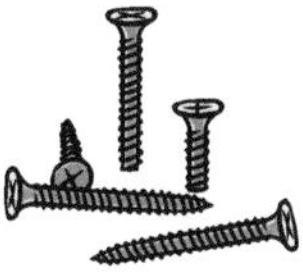

براغي

schroeven

آلات موسيقية

muziekinstrumenten

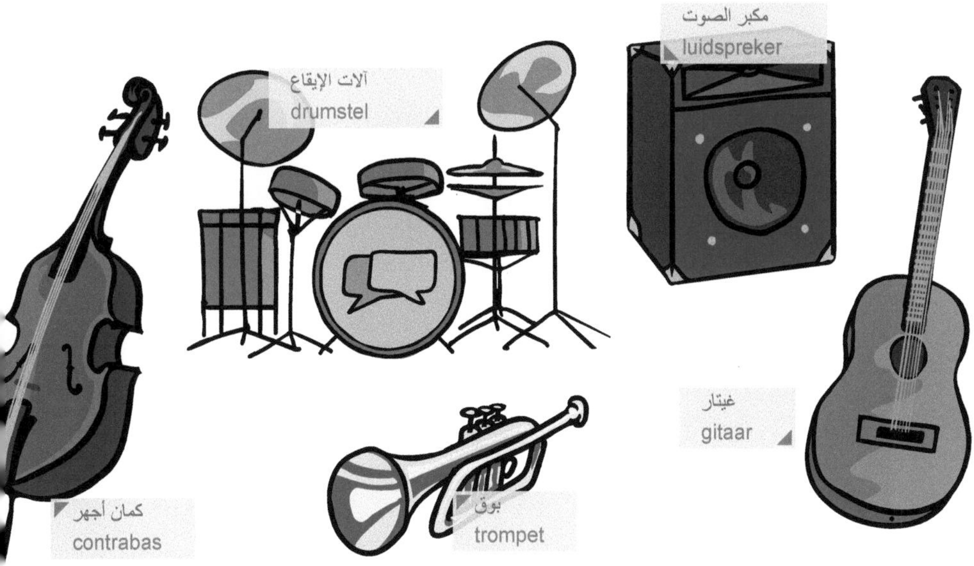

آلات الإيقاع
drumstel

مكبر الصوت
luidspreker

غيتار
gitaar

كمان أجهر
contrabas

بوق
trompet

بيانو

piano

كمنجة

viool

جهير

basgitaar

طبل كبير

pauk

طبل

trommels

بيانو كهربائي

keyboard

ساكسوفون

saxofoon

ناي

fluit

ميكروفون

microfoon

حديقة حيوانات
ZOO

مدخل
ingang

نمر
tijger

قفص
kooi

حمار الوحش
zebra

علف للحيوانات
diereneten

دب باندا
panda

حيوانات
dieren

فيل
olifant

كنغر
kangoeroe

وحيد القرن
neushoorn

غوريلا
gorilla

دب
beer

zoo - حديقة حيوانات   59

جمل

kameel

نعامة

struisvogel

أسد

leeuw

قرد

aap

طائر فلامينغو

flamingo

ببغاء

papegaai

دب قطبي

ijsbeer

بطريق

pinguïn

سمك القرش

haai

طاووس

pauw

أفعى

slang

تمساح

krokodil

حارس في حديقة الحيوان

dierenverzorger

عجل البحر

zeehond

نمر أمريكي مرقط

jaguar

فرس قزم

pony

نمر

luipaard

فرس النهر

nijlpaard

زرافة

giraffe

نسر

adelaar

خنزير برّي

wild zwijn

سمك

vis

سلحفاة

zeeschildpad

حيوان فظ البحري

walrus

ثعلب

vos

غزال

gazelle

رياضة

sporten

كرة القدم الأمريكية
rugby
ركوب الدراجات
wielrennen
كرة التنس
tennis
كرة السلة
basketbal
السباحة
zwemmen
الملاكمة
boksen
هوكي الجليد
ijshockey

كرة القدم
....
voetbal

الريشة الطائرة
....
badminton

ألعاب القوى الخفيفة
....
atletiek

كرة اليد
....
handbal

التزلج على الثلج
....
skiën

بولو
....
polo

activiteiten

يضحك
lachen
يعانق
knuffelen
يمشي
wandelen
يغنّي
zingen
يحلم
dromen
يصلّي
bidden
يقبل
kussen

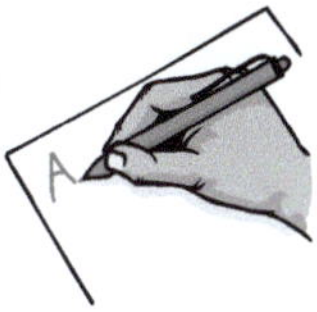

يكتب

schrijven

يرسم

tekenen

يُري

tonen

يدفع

duwen

يعطي

geven

يأخذ

nemen

نشاطات - activiteiten 63

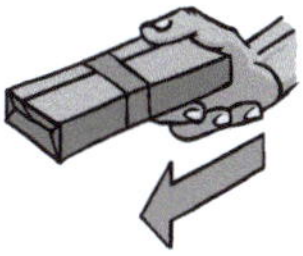

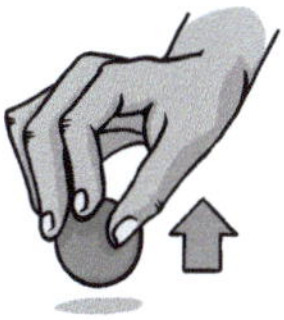

يملك

hebben

يعمل

doen

يوجد

zijn

يقف

staan

يركض

lopen

يسحب

trekken

يرمي

gooien

يقع

vallen

يستلقي

liggen

ينتظر

wachten

يحمل

dragen

يجلس

zitten

يلبس

aankleden

ينام

slapen

يستيقظ

ontwaken

ينظر إلى ..

kijken naar

يبكي

wenen

يمسّد

aaien

يمشّط

kammen

يتكلم

praten

يفهم

begrijpen

يسأل

vragen

يسمع

luisteren

يشرب

drinken

يأكل

eten

يرتب

opruimen

يحب

houden van

يطبخ

koken

يقود

rijden

يطير

vliegen

يبحر بزورق شراعي

....

zeilen

يحسب

....

rekenen

يقرأ

....

Lezen

يتعلم

....

leren

يعمل

....

werken

يتزوج

....

trouwen

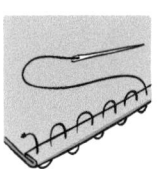

يخيط

....

naaien

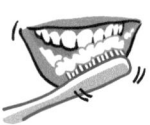

ينظف أسنانه

....

tandenpoetsen

يقتل

....

doden

يدخن

....

roken

يرسل

....

sturen

عائلة

familie

otmoeder
جدّ
grootvader
أب
vader
أم
moeder
الطفل
baby
ابنة
dochter
ابن
zoon

ضيف

gast

عمّة / خالة

tante

عمّ / خال

oom

أخ

broer

أخت

zus

الجسم

lichaam

الجبين
voorhoofd
العين
oog
الكتف
schouder
الإصبع
vinger
الوجه
gezicht
الذقن
kin
اليد
hand
الساق
been
الصدر
borst
الذراع
arm

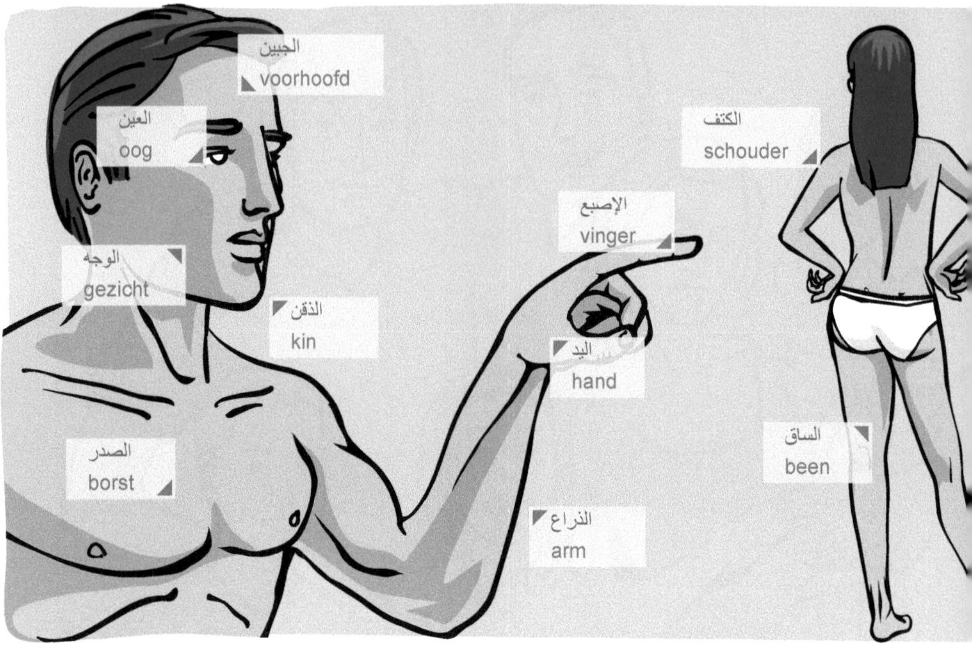

الطفل

baby

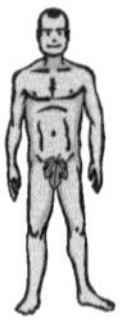

الرجل

man

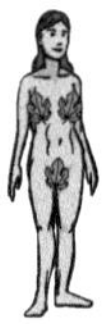

المرأة

vrouw

البنت

meisje

الولد

jongen

الرأس

hoofd

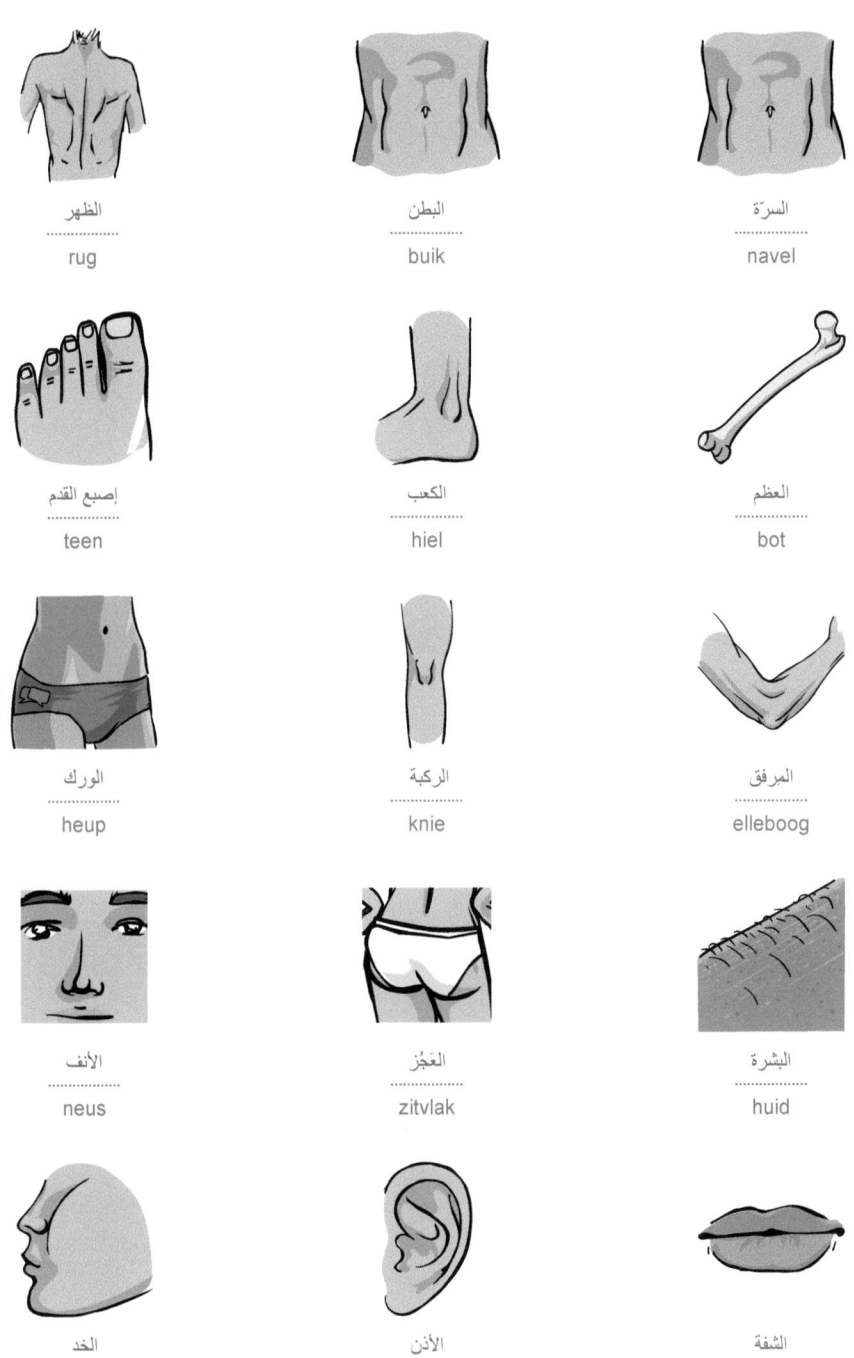

الظهر	البطن	السرّة
rug	buik	navel
إصبع القدم	الكعب	العظم
teen	hiel	bot
الورك	الركبة	المرفق
heup	knie	elleboog
الأنف	العَجُز	البَشرة
neus	zitvlak	huid
الخد	الأذن	الشفة
wang	oor	lip

الفم

mond

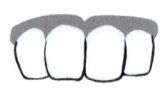

السن

tand

اللسان

tong

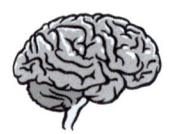

الدماغ

hersenen

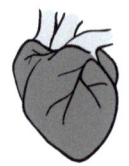

القلب

hart

العضلة

spier

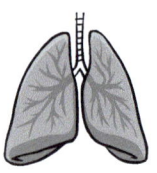

الرئة

long

الكبد

lever

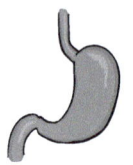

المعدة

maag

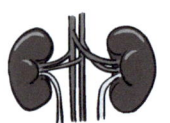

الكِلى

nieren

الاتصال الجنسي

seks

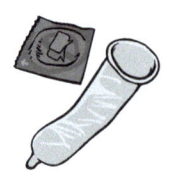

الواقي المطاطي

condoom

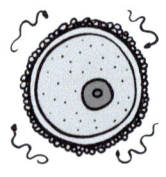

البويضة

eicel

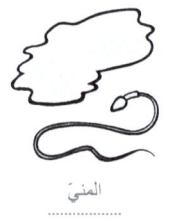

المنيّ

sperma

الحمل

zwangerschap

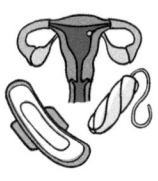

الحيض

menstruatie

المهبل

vagina

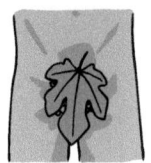

القضيب

penis

الحاجب

wenkbrauw

الشعر

haar

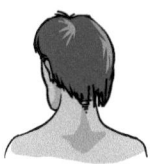

الرقبة

nek

المستشفى

ziekenhuis

ziekenhuis
سيارة الإسعاف
ambulance
الكرسي المتحرك
rolstoel
كسر
breuk

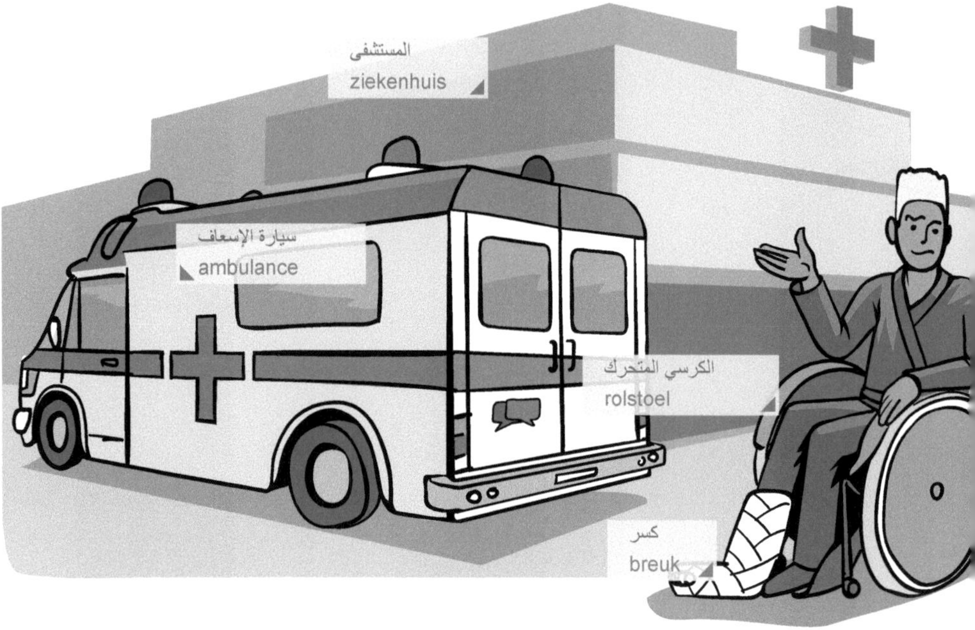

الطبيب

....

dokter

غرفة الإسعاف

....

spoed

الممرضة

....

verpleegkundige

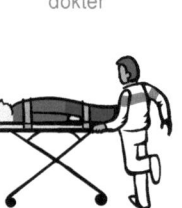

حالة

....

noodgeval

مغمى عليه

....

bewusteloos

الألم

....

pijn

72 المستشفى - ziekenhuis

إصابة

verwonding

النزيف

bloeding

احتشاء القلب

hartaanval

جلطة

beroerte

حسسية

allergie

السعال

hoest

الحُمّى

koorts

إنفلونزا

griep

الإسهال

diarree

وجع الرأس

hoofdpijn

السرطان

kanker

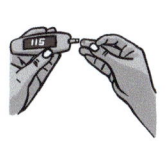

مرض السكر

diabetes

جرّاح

chirurg

مبضع

scalpel

عملية

operatie

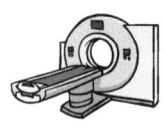

سيتي سكان

CT

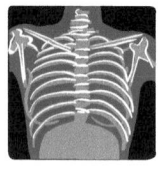

الأشعة السينية

röntgenstraal

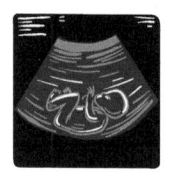

فوق الصوتي

ultrageluid

القناع

gezichtsmasker

المرض

ziekte

غرفة الانتظار

wachtkamer

العُكاز

kruk

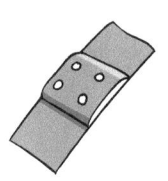

شريط لاصق

pleister

ضماد

verband

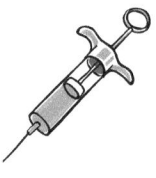

حقنة

injectie

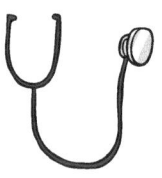

سمَاعة الطبيب

stethoscoop

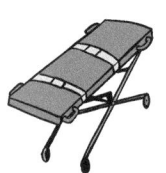

نقالة

brancard

ميزان حرارة

thermometer

ولادة

geboorte

وزن زائد

overgewicht

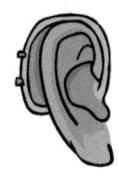

جهاز السمع

hoorapparaat

المواد المعقمة

ontsmettingsmiddel

عدوى

infectie

فيروس

virus

الإيدز

HIV / AIDS

الطب

medicijn

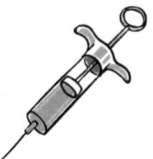

اللقاح

vaccinatie

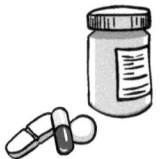

أقراص الدواء

tabletten

حبّة الدواء

pil

نداء النجدة

noodoproep

مقياس ضغط الدم

bloeddrukmeter

مريض / صحيح

ziek / gezond

حالة

noodgeval

النجدة!

Help!

إنذار

alarm

اعتداء

overval

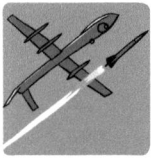

هجوم

aanval

خطر

gevaar

مخرج طوارئ

nooduitgang

حريق!

Brand!

جهاز الإطفاء

brandblusser

حادث

ongeval

حقيبة الإسعاف الأولي

EHBO-kit

أنقذونا

SOS

الشرطة

politie

أوروبا
....
Europa

أمريكا الشمالية
....
Noord-Amerika

أمريكا الجنوبية
....
Zuid-Amerika

أفريقيا
....
Afrika

آسيا
....
Azië

أستراليا
....
Australië

المحيط الأطلسي
....
tlantische Oceaan

المحيط الهادي
....
Stille Oceaan

المحيط الهندي
....
Indische Oceaan

المحيط المتجمد الجنوبي
....
ntarctische Oceaan

المحيط المتجمد الشمالي
....
Arctische Oceaan

القطب الشمالي
....
Noordpool

القطب الجنوبي

Zuidpool

منطقة القطب الجنوبي

Antarctica

أرض

aarde

بر

land

بحر

zee

جزيرة

eiland

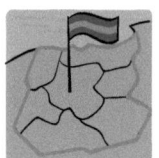

أمة

natie

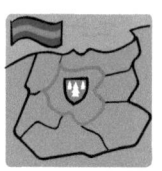

دولة

staat

ساعة

klok

ميناء الساعة

....

wijzerplaat

عقرب الساعات

....

uurwijzer

عقرب الدقائق

....

minuutwijzer

عقرب الثواني

....

secondewijzer

كم الساعة الآن؟

....

Hoe laat is het?

يوم

....

dag

زمن

....

tijd

الآن

....

nu

ساعة رقمية

....

digitale horloge

دقيقة

....

minuut

ساعة

....

uur

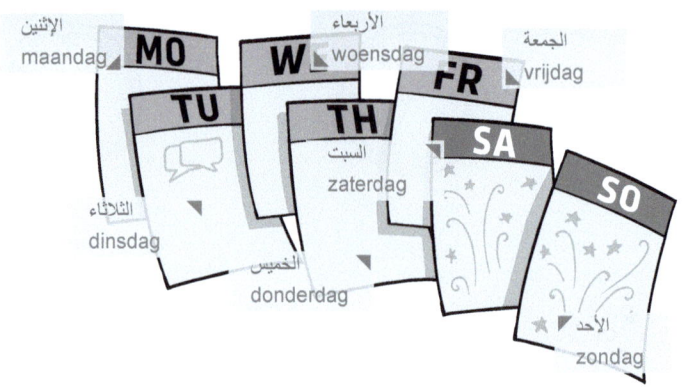

أسبوع

week

الإثنين
maandag
الأربعاء
woensdag
W
الجمعة
vrijdag
السبت
zaterdag
الثلاثاء
dinsdag
الخميس
donderdag
الأحد
zondag

الأمس

gisteren

اليوم

vandaag

غداً

morgen

الصباح

ochtend

الظهر

middag

المساء

avond

أيام العمل

werkdagen

نهاية الأسبوع

weekend

سنة

jaar

قوس قزح
regenboog
مطر
regen
ريح
wind
ثلج
sneeuw
الربيع
lente
الصيف
zomer
الخريف
herfst
الشتاء
winter

التنبؤ بالحالة الجوية

weervoorspelling

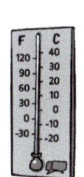

F

مقياس حرارة

thermometer

ضوء الشمس

zonneschijn

سحابة

wolk

ضباب

mist

رطوبة الجو

vochtigheid

برق

bliksem

رعد

donder

عاصفة

storm

بَرَد

hagel

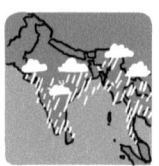

ريح موسمية

moesson

طوفان

overstroming

جليد

ijs

كانون الثاني / يناير

januari

شباط / فبراير

februari

آذار / مارس

maart

نيسان / أبريل

april

أيار / مايو

mei

حزيران / يونيو

juni

تموز / يوليو

juli

أب / أغسطس

augustus

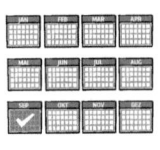

أيلول / سبتمبر

september

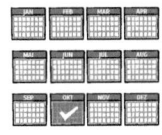

تشرين الأول / أكتوبر

oktober

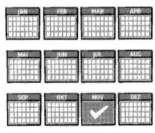

تشرين الثاني / نوفمبر

november

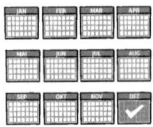

كانون الأول / ديسمبر

december

أشكال

vormen

دائرة

cirkel

مربّع

kwadraat

مستطيل

rechthoek

مثلث

driehoek

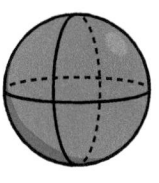

كرة

bol

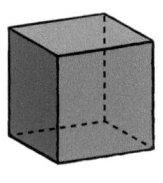

مكعب

kubus

ألوان
kleuren

أبيض
wit

أصفر
geel

برتقالي
oranje

وردي
roze

أحمر
rood

بنفسجي
paars

أزرق
blauw

أخضر
groen

بنّي
bruin

رمادي
grijs

أسود
zwart

الأضداد

tegengestelden

كثير / قليل

veel / weinig

غضبان / هادئ

boos / kalm

جميل / قبيح

mooi / lelijk

بداية / نهاية

begin / einde

كبير / صغير

groot / klein

فاتح / قاتم

licht / donker

أخ / أخت

broer / zus

نظيف / وسخ

proper / vuil

كامل / ناقص

volledig / onvolledig

نهار / ليل

dag / nacht

ميت / حيّ

dood / levend

عريض / ضيّق

breed / smal

صالح للأكل / غير صالح

eetbaar / oneetbaar

شرّير / لطيف

kwaadaardig / vriendelijk

مثير / ممل

opgewonden / verveeld

سمين / نحيف

dik / dun

أولا / أخيرا

eerst / laatst

صديق / عدو

vriend / vijand

مليء / فارغ

vol / leeg

صلب / ليّن

hard / zacht

ثقيل / خفيف

zwaar / licht

جوع / عطش

honger / dorst

مريض / صحيح

ziek / gezond

غير شرعي / شرعي

illegaal / legaal

ذكي / غبي

intelligent / dom

يسار / يمين

links / rechts

قريب / بعيد

dichtbij / veraf

جديد / مستعمل

nieuw / gebruikt

لا شيء / بعض الشيء

niets / iets

مسن / شاب

oud / jong

يشعل / يطفئ

aan / uit

مفتوح / مغلق

open / dicht

خافت / عالٍ

stil / luid

غني / فقير

rijk / arm

صح / خطأ

juist / fout

أحرش / املس

ruw / glad

حزين / سعيد

droevig / blij

قصير / طويل

kort / lang

بطيء / سريع

traag / snel

مبلول / جاف

nat / droog

ساخن / بارد

warm / koud

حرب / سلم

oorlog / vrede

أرقام
cijfers

0

صفر
nul

1

واحد
één

2

اثنان
twee

3

ثلاثة
drie

4

أربعة
vier

5

خمسة
vijf

6

ستة
zes

7

سبعة
zeven

8

ثمانية
acht

9

تسعة
negen

10

عشرة
tien

11

أحد عشر
elf

12
اثنا عشر

twaalf

13
ثلاثة عشر

dertien

14
أربعة عشر

veertien

15
خمسة عشر

vijftien

16
ستة عشر

zestien

17
سبعة عشر

zeventien

18
ثمانية عشر

achtien

19
تسعة عشر

negentien

20
عشرون

twintig

100
مائة

honderd

1.000
ألف

duizend

1.000.000
مليون

miljoen

Talen

الإنكليزية
....
Engels

الإنكليزية الأمريكية
....
Amerikaans Engels

لغة ماندارين الصينية
....
Chinees (Mandarijn)

الهندية
....
Hindi

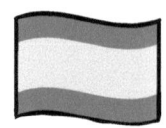

الإسبانية
....
Spaans

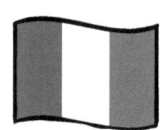

الفرنسية
....
Frans

العربية
....
Arabisch

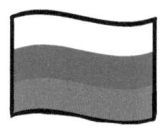

الروسية
....
Russisch

البرتغالية
....
Portugees

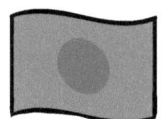

البنغالية
....
Bengali

الألمانية
....
Duits

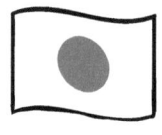

اليابانية
....
Japans

من / ماذا / كيف

wie / wat / hoe

أنا

ik

أنت

u

هو / هي

hij / zij / het

نحن

wij

أنتم

u

هم

ze

من؟

wie?

ماذا؟

wat?

كيف؟

hoe?

أين؟

waar?

متى؟

wanneer?

HELLO, I AM

اسم

naam

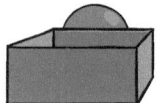

أين

waar

خلف

achter

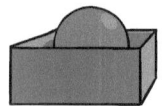

في

in

أمام

voor

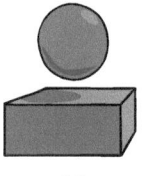

فوق

boven

على

op

تحت

onder

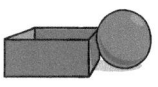

جنب

naast

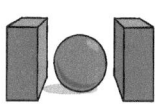

بين

tussen

مكان

plaats